Friedbert Becker

Coach Dich aus der Krise

Vom Elend ins Glück
Arbeitsbuch

Bibliografische Information der Deutschen Nationalbibliothek. Die Deutsche Nationalbibliothek verzeichnet diese Publikation in der Deutschen Nationalbiografie; detaillierte bibliografische Daten sind im Internet über http://www.dnb.d-nb.de abrufbar

Herstellung und Verlag: Books on Demand

GmbH, Norderstedt

ISBN 9783837037937

Inhalt

Sind Sie noch zu retten?

Gehören Sie zu den Menschen, denen es gerade eben nicht so gut geht? Steht Ihnen das Wasser bis zum Hals? Vielleicht haben Sie Ärger im Geschäft oder Ihre Gläubiger nerven Sie. Ihre Ehe ist gescheitert.
Das Geld reicht hinten und vorne nicht, Ihr Job kotzt Sie an oder Sie haben nicht mal einen Job und sind arbeitslos.

Sicher hatten Sie schon von Anfang an schlechte Karten, nie eine richtige Chance, eine misserabele Kindheit und keine Perspektive. Und nun, was gedenken Sie zu tun? Weitermachen wie bisher?
Besteht denn überhaupt die Chance etwas zu ändern? Schliesslich haben Sie schon alles menschenmögliche versucht um diesem Elend zu entrinnen – oder?
Ich könnte nun gemein sein und Sie fragen, was genau Sie getan haben für Ihr persönliches Glück und wie oft Sie etwas dafür getan haben. Aber ich möchte Sie nicht noch mehr frustrieren, schliesslich stecken Sie auch so schon bis zum Hals im Schlamassel.

Sie haben sich genug gequält und abgerackert in Ihrem Leben und was hat es Ihnen letztendlich eingebracht?
In den meisten Fällen haben andere die Lorbeeren kassiert oder war es etwa nicht so?
Einigen wir uns darauf, dass Sie in den letzten Jahren überwiegend das falsche getan haben und dass sich im grossen und ganzen nicht viel ändern wird in Ihrem Leben wenn Sie diesen Kurs weiterfahren.

Warum ist das alles so schwierig?

Warum gerade ich? Warum kann ich nicht glücklich sein? Warum bin ich krank? Warum klappt es nicht mit meiner Partnerschaft? Warum geht´s mir so schlecht? Warum kümmert sich keiner um mich? Warum bin ich immer allein? Warum bla bla bla bla....

Na, ist da eine Frage dabei die passt, die Ihnen bekannt vorkommt?

Vielleicht haben Sie diese oder ähnliche Fragen auch schon Ihrem Therapeuten oder einem guten Freund gestellt. Und dieser hat Sie dann sicherlich, wie es sich für gute Freunde und Therapeuten gehört, getröstet und Ihnen versichert, dass das alles gar nicht sooooo schlimm ist.

Und, was hat es Ihnen genutzt?

So wie es aussieht nicht viel, sonst würden Sie diese Zeilen hier nicht lesen. Ihr Freund hat durchaus Recht, sooooo schlimm ist das alles nicht. Aber erwarten Sie nur kein Mitleid und Bauchpinselei, in diesem Buch.

Halten wir uns doch mal an Fakten.

Sie befinden sich augenblicklich in einem Zustand, der sich für Sie nicht so an fühlt, wie Sie es gerne möchten.

Anders ausgedrückt, Sie möchten sich auch endlich mal gut fühlen und glücklich sein.

Es geht also um Gefühle.

Auch wenn Sie sich mehr Geld wünschen, einen Partner, einen Arbeitsplatz, Gesundheit, persönliche Freiheit usw.. letztendlich geht es Ihnen um ein bestimmtes Gefühl. Nämlich genau das Gefühl, das Sie bewusst oder unbewusst mit der Erfüllung Ihres Wunsches verknüpfen.

Wissen Sie was das Gute an der Sache ist?

Ein Gefühl kann man sich schneller und leichter beschaffen wie zum Beispiel einen Partner, 1000 Euro oder einen Arbeitsplatz.

Um diese Dinge zu bekommen bedarf es gewöhnlich etwas Zeit.

Ein gutes Gefühl jedoch können Sie sofort haben. Die Gefühle die Sie sich so sehr wünschen sind nämlich schon alle in Ihnen. Sie brauchen Sie nur (wach) zu rufen, dann kommen sie und veranstalten eine Party in Ihrem Nervensystem.

Na, klingt das nicht verlockend?

Nun können Sie es natürlich kaum abwarten und wollen wissen, wie man das macht, wie man gute Gefühle ruft.

Nur Geduld, da werden Sie selbst drauf kommen, das werden Sie entdecken während Sie dieses kleine Buch Schritt für Schritt gewissenhaft durcharbeiten.

Ach, Sie haben gewusst, dass die Sache einen Haken hat? Jetzt sollen Sie auch noch etwas tun? Reicht es nicht, dass Sie sich miserabel fühlen?

Nun, es gibt wie immer im Leben verschiedene Möglichkeiten.

Ich könnte Ihnen etwas lustiges erzählen, einen wirklich sehr guten Witz oder eine spannende Geschichte und Sie auf diese Weise aus Ihrem Elend befreien.

Aber wie lange würde das halten?

Eine andere Möglichkeit wäre, dass ich Ihnen zeige wie das alles funktioniert, mit den Gefühlen, mit der Aufmerksamkeit und den vielen Kleinigkeiten, die damit zusammenhängen. Dann können Sie selber entscheiden ob Sie sich gut oder schlecht fühlen wollen.

Sie ziehen es vor unterhalten zu werden, statt selbst etwas zu tun? OK, warum holen Sie sich nicht eine Flasche Bier aus dem Kühlschrank und schalten Ihren Fernseher ein?

Da sind Sie ja wieder, also lassen Sie uns den ersten Schritt tun. Sie benötigen nun zunächst Schreibzeug um sich ein paar Notizen zu machen. Es ist wichtig, dass wir verschiedene Schritte schriftlich durchführen. Dadurch sind Sie gezwungen (ein hässliches Wort nicht wahr?) konkret zu werden und können später jederzeit nachschauen, was genau Sie geschrieben haben. Wenn Sie schlau sind legen Sie sich gleich ein separates Notizbuch für unser gemeinsames Tun an.

Und wenn Sie es ganz eilig haben, dürfen Sie auch hier in das Buch schreiben, es gehört ja hoffentlich Ihnen.

Jetzt notieren Sie mal ein paar Ihrer ganz persönlichen WARUM Fragen. So, wie wir es zu Anfang gelesen haben, ...warum gerade ich? Warum kann ich nicht glücklich sein? Warum bin ich krank? Warum......

Sie sollten es wirklich tun bevor Sie weiterlesen, sonst entgeht Ihnen das Beste.

Warum...

Warum...

Warum...

....

Nun wählen Sie eine dieser Fragen aus, vielleicht die, die Sie am meisten drückt. Stellen Sie sich diese Frage nun ganz bewusst selbst, laut oder in Gedanken, und lauschen Sie auf die Antwort die aus Ihrem Inneren kommt. Notieren Sie diese Antwort. Wenn weitere Antworten kommen, notieren Sie auch diese Antwort/en:

Weil..
....
....
....
....
....
....

Tun Sie das bitte jetzt, bevor Sie weiterlesen!

Na, zufrieden mit der Antwort? Ich kenne Ihre Antwort zwar nicht aber ich weiss, da präsentiert Ihnen jemand ein paar handfeste Fakten, warum das alles so ist. Und wahrscheinlich handelt es sich um Dinge, gegen die Sie keine Chance haben.

Aber keine Angst, das hat nichts mit einer geistigen Behinderung oder einem genetischen Defekt zu tun, das ist völlig normal. Wenn ich mich jetzt hier vor meinem PC, zurück lehne, die Augen schliesse und mir die Frage stelle:

„Warum um alles in der Welt bin ich nur so ein gottverdammter Trottel?"

Was glauben Sie, was ich da alles für Antworten bekomme?

Aus diesem Grund werde ich für mich solche Fragen tunlichst vermeiden.

Aber Sie sollten jetzt noch für eine kurze Zeit bei diesen Fragen verweilen. Nehmen Sie jetzt eine der Antworten und hinterfragen Sie diese nach dem gleichen Schema, fragen Sie warum das so ist. Tun Sie es bitte jetzt, bevor Sie weiter lesen!

Wenn Ihnen diese Antworten Freude bereiten dürfen Sie weiterhin solche Fragen stellen, bis an Ihr Lebensende.

Sicher haben Sie inzwischen bemerkt, welchen Teufelskreis Sie mit solchen Fragen betreten.

Als Kind waren Sie einmal unendlich neugierig, erinnern Sie sich? Sie wollten alles ganz genau wissen, haben Fragen gestellt ohne Ende und waren gespannt auf die Antworten die man Ihnen geben würde. Sie waren extrem Aufnahmebereit, denn schliesslich waren Sie dabei eine neue Welt zu erobern. Dieses Muster ist heute noch aktiv, sobald Sie eine Frage stellen wechselt Ihr Hirn automatisch in den Modus der Lernbereitschaft.

Ich möchte es hier nochmal an einem Beispiel verdeutlichen. Wenn ich mir die Frage stelle:

Warum läuft in meinem Leben alles schief? geschieht folgendes.

- ➢ Ich bekräftige, dass in meinem Leben alles schief geht.
- ➢ Ich finde genügend Gründe / Beispiele dass es wirklich so ist.
- ➢ Ich finde genügend Gründe dafür, warum es so ist.
- ➢ Ich fühle mich hilflos, schlecht.
- ➢ Ich erkenne, dass meine Lage hoffnungslos ist
- ➢ Usw...

Die Art zu fragen ist ein sehr machtvolle Werkzeug, denn die Frage steuert die Aufmerksamkeit des Befragten.

Ich kann Sie nach Ihrem schönsten Urlaubserlebnis befragen, dass wird Ihre Stimmung um einige Punkte heben.

Ich kann Sie aber auch fragen ob Sie sich noch daran erinnern, wie es war als Ihr Lieblingshamster vom Müllauto überfahren wurde.

In der äusseren Realität hat sich nichts verändert, ich habe lediglich zwei unterschiedliche Fragen gestellt. Je nach Frage, können Sie eine Menge Gründe finden, sich wohl zu fühlen oder jede Menge Gründe für eine Depression.

Mein Tipp Nr. 1
Hören Sie sofort auf, dumme Fragen
zu stellen.

Fragen für Glück und Wohlbefinden

Wenn man sich mit dummen Fragen unglücklich machen kann, müsste es doch auch umgekehrt funktionieren – oder?

Genau so ist es liebe Leser. Es gibt eine Menge Fragen die glücklich machen, erfolgreich machen, Hoffnung machen usw...

In der Psychologie gibt es verschiedene Namen dafür. Lösungsorientierte Fragen, erfolgsorientierte Fragen, zielorientierte Fragen usw...

Wir verwenden im weiteren das Wort zielorientiert, da es sich ja letztlich immer um ein Ziel handelt. Ich könnte Sie jetzt und hier mittels ein paar Fragen durch alle Höhen und Tiefen des Lebens führen. Und dies obwohl Sie vielleicht tausende von Kilometer entfernt sind. Hinzu kommt noch die zeitliche Distanz von tausenden Minuten. Jetzt, da Sie diese Zeilen lesen, sind Sie tausende von Minuten entfernt von dem Zeitpunkt, da ich dies geschrieben habe. Ist das nicht ein fantastischer Gedanke?

Stellen Sie sich bitte einmal eine Stimmungsskala vor, die von 0 bis 12 unterteilt ist.

Stimmungsbarometer

- 12 Supergut
- 11
- 10
- 9
- 8
- 7
- 6 Mittelmässig
- 5
- 4
- 3
- 2
- 1
- 0 Miserabel

Wie ist Ihre augenblickliche Stimmung? Welche Zahl entspricht Ihrem gegenwärtigen Gefühlszustand?

Ich hoffe doch, dass Sie nicht im Minusbereich liegen. Wo auch immer Sie sich jetzt eingeordnet haben, gab es einen Moment, eine Situation in Ihrem Leben, da Sie sich besser gefühlt haben? Überlegen Sie!
Wo lag der besondere Reiz in dieser Situation? Wie war das damals? Tauchen Sie ruhig mal für einen Moment ein in dieses schöne Erlebnis so, dass Sie alles wieder fühlen und empfinden können, wie es damals war. Schliessen Sie die Augen, entspannen Sie sich dabei und atmen Sie tief in den Bauch ein. Erinnern Sie sich an möglichst viele Einzelheiten. Wenn Sie so richtig gut drinnen sind in dem guten

Gefühl, dann öffnen Sie die Augen wieder und bringen Sie soviel wie möglich mit von diesen positiven Empfindungen.

Wo ist jetzt Ihr Platz auf unserem Stimmungsbarometer?

Sie sehen, selbst über Distanz von Raum und Zeit, können Fragen unsere inneren Zustände mächtig beeinflussen.
Fragen die in die andere Richtung führen, ersparen wir uns lieber, ich denke, Sie haben genug Leid ertragen...oder?
Durch entsprechende Fragen können Sie Ihre und die Aufmerksamkeit Ihrer Mitmenschen in beliebige Situationen führen und entsprechende Gefühle heraufbeschwören.

**Das Geheimnis unseres Befinden
liegt in der Aufmerksamkeit
und in der Art und Weise,
wie wir sie gebrauchen.**

Worauf Sie Ihre Aufmerksamkeit richten, das erwecken Sie zum Leben. Sie allein sind der Schöpfer Ihrer Realität.
Na, Angst vor der Verantwortung?

Vom richtigen Umgang mit der Aufmerksamkeit

Sie haben bereits die Erfahrung machen dürfen, dass es viel angenehmer ist, seine Aufmerksamkeit auf die schönen Dinge des Lebens zu richten.

Zudem wissen Sie jetzt, dass die Dinge denen Sie sich zuwenden, zum Leben erweckt werden.

Das ist alles richtig und doch ist da noch etwas anderes, denn diese verdammte Aufmerksamkeit will einfach nicht bei den schönen Dingen des Lebens verweilen. Kaum das wir ihr den Rücken zudrehen, suhlt sie sich schon wieder im Kummer und Leid dieser Welt.

Ich vergleiche die Aufmerksamkeit gerne mit einem Hund, denn beide haben viele Gemeinsamkeiten. Sie können uns viel Freude bereiten aber auch den ganzen Tag verderben.

Erinnern Sie sich nur daran, als Ihr treuer Vierbeiner sich beim letzten Spaziergang im Kuhfladen ein parfümiert hat und die Düfte sich dann in Ihrem Wohnzimmer ausbreiteten.

Hunde sind Gewohnheitstiere, einmal auf eine bestimmte Sache abgerichtet, behalten sie diese Gewohnheit ein Leben lang bei. Psychologen nennen dies eine Konditionierung.

Exakt genau so verhält sich auch unsere Aufmerksamkeit. Einmal auf etwas konditioniert, können Sie sich zu 100% darauf verlassen. Das beste Beispiel dafür ist Ihr derzeitiger seelische Zustand.

Ich unterteile die Aufmerksamkeit in drei unterschiedliche Bereiche.

➢ Die bewusste Aufmerksamkeit
➢ Die vorbewusste Aufmerksamkeit
➢ Die unbewusste Aufmerksamkeit

Die bewusste Aufmerksamkeit,
die Wahrnehmungen deren Sie sich gerade bewusst sind. Dies ist der kleinste Teil, bewusst können wir uns immer nur ganz wenigen Dingen zuwenden. Zum Beispiel lesen Sie jetzt diese Worte (hoffentlich) ganz bewusst.

Die vorbewusste Aufmerksamkeit,
das ist der Teil Ihrer Aufmerksamkeit den sie beliebig ein und ausschalten können. Der Teil, den Sie sich mühelos bewusst machen können. Es ist der fliessende

Grenzbereich zwischen bewusster und unbewusster Aufmerksamkeit.

Sie können sich zum Beispiel jetzt dazu entschliessen Ihren linken Fuss zu spüren, dort wo er den Boden berührt.

Die unbewusste Aufmerksamkeit,
das ist der Bereich, der uns gänzlich unbewusst ist, was aber nicht bedeutet, dass er uns nicht zugänglich ist.

Hier ist unsere gesamte persönliche Geschichte gelagert, mit all seinen Höhen und Tiefen.

Hier werden unter anderem auch die Drehbücher Ihrer Alpträume geschrieben.

Über diesen Teil der Aufmerksamkeit haben wir in der Regel absolut keine Kontrolle. Er teilt sich uns mit durch Ängste, Zwänge, Depressionen, Krankheiten aber auch durch inneren Frieden und Glück.

Dies ist natürlich nur ein Modell. Aber mit diesem Modell können Sie im Sauseschritt die Kontrolle über Ihre Aufmerksamkeit erobern und fortan viel Spass in Ihrem Leben haben. Das möchten Sie doch...oder? Sie brauchen sich nur ein wenig Zeit zu nehmen und mit diesen Dingen spielen, dann werden Sie in wenigen Tagen schon sagen,

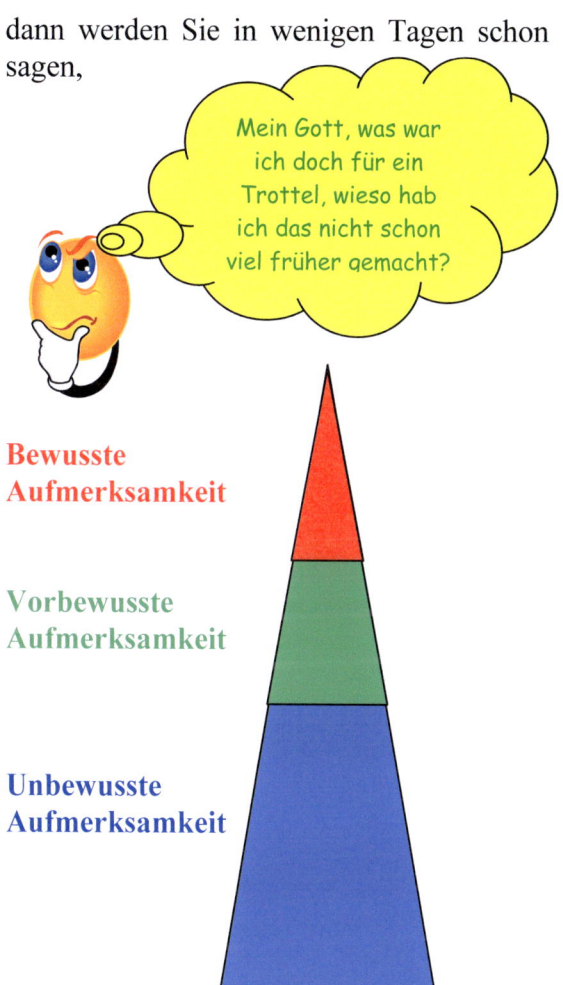

Mein Gott, was war ich doch für ein Trottel, wieso hab ich das nicht schon viel früher gemacht?

Bewusste Aufmerksamkeit

Vorbewusste Aufmerksamkeit

Unbewusste Aufmerksamkeit

Wenden wir uns also zunächst dem bewussten und vorbewussten Teil der Aufmerksamkeit zu.

Was Sie tun müssen um diese beiden Teile zu beherrschen ist ganz einfach. Halten Sie bewusst Ausschau nach den positiven Dingen des Lebens.

Wie wäre es wenn Sie heute noch, am besten jetzt gleich, damit beginnen, ein Positiv Tagebuch zu führen?

Das Positiv Tagebuch

Das Positiv Tagebuch ist ein mächtiges Werkzeug zur Konditionierung der Aufmerksamkeit. Es ist absolut einfach zu handhaben und macht obendrein noch Spass.

Finden Sie die positiven Dinge in Ihrem Leben, im Alltag, bei der Arbeit, Familie, kurzum überall.
Und dann notieren Sie all das in Ihrem Positiv Tagebuch. Sie werden staunen, von welch schönen Dingen Sie umgeben sind, die Ihnen bisher alle verborgen waren.
Nein, diese Dinge waren nicht verborgen, Sie haben Sie bisher nur nicht wahrgenommen, weil Sie sich ähnlich verhalten haben wie unser Vierbeiner beim Spaziergang. (Sie wissen doch, das Parfüm)

Mein Tipp Nr. 2
Fangen Sie sofort an
Ihr Tagebuch zu schreiben

Warum ist dieses Tagebuch so wichtig?

Ganz einfach, mit diesem Tagebuch konditionieren Sie Ihre Aufmerksamkeit, die positiven Dinge im Leben wahrzunehmen.

Wenn Sie diese Übung regelmässig durchführen werden keine 4 Wochen vergehen und Sie können gar nicht mehr anders. Überall werden Sie etwas schönes finden, die Welt zeigt sich plötzlich von ihrer besten Seite. Das grantiere ich Ihnen, Sie wären der erste Mensch bei dem es nicht so ist.

Haben Sie als Kind auch Pilze gesammelt?

Dann wissen Sie wie das ist, einmal die Sinne geschärft und schon sieht man sie überall, auch wenn sie noch so versteckt sind.

Finden Sie für heute mindestens 15 positive Dinge und schreiben Sie diese in Ihr Tagebuch.

Was halten Sie davon wenn Sie es sich heute Abend einmal so richtig gemütlich machen und statt das Übel dieser Welt aus Ihrem Fernsehapparat zu saugen, etwas sinnvolles tun?

Notieren Sie sich ein paar Namen von Menschen die auf Ihrer Sympathieliste die letzten Plätze belegen oder gar ganz fehlen.

Dann bringen Sie sich in eine gute Stimmung und beginnen ganz gezielt ein paar positive Eigenschaften dieser Menschen zu finden. Im Prinzip genau so, wie Sie das mit dem Tagebuch auch tun.

Das ist zu viel verlangt?
Das wäre das letzte was Sie tun würden?

OK, war ja nur eine Idee. Vielleicht erinnern Sie sich später nochmal an diesen Vorschlag. Ganz im Ernst, das ist eine der abgefahrensten Übungen in Bezug auf zwischenmenschliche Beziehungen, die ich kenne. Die sollten Sie unbedingt irgendwann einmal gründlich aus testen, später, wenn Sie besser drauf sind. ☺☺☺☺

Was Sie unbedingt tun sollten, lassen Sie Ihre Mitmenschen teilhaben an Ihren neuen Errungenschaften. Lenken Sie auch deren Aufmerksamkeit auf das Positive und Schöne. Wie das funktioniert wissen Sie ja mittlerweile.
Je mehr Sie von positiven Dingen reden umso positiver werden auch Ihre Gedanken sein und diese wiederum wirken sich auf Ihre persönliche Ausstrahlung aus.

Klatsch und Tratsch sind immer negativ, deshalb sollten Sie sich an solchen Gesprächen nicht beteiligen oder sie möglichst schnell in eine andere, bessere Richtung lenken.

Die unbewusste Aufmerksamkeit oder was mach ich mit den Leichen in meinem Keller?

Wie ist es eigentlich um Ihre Energie bestellt? Fühlen Sie sich oft leer und ausgebrannt? Bedrückt Sie etwas von dem Sie selbst nicht wissen was es ist? Fühlen Sie sich eingeengt? Handeln Sie oft wider besseren Wissens? Rauchen Sie? Trinken Sie zuviel Alkohol? Haben Sie Übergewicht? Würden Sie lieber etwas ganz anderes tun?

Dieser Fragenkatalog liesse sich beliebig fortsetzen und die meisten Dinge treffen auf viele Menschen zu.. Wir alle haben unsere Leichen im Keller und teilweise stinken diese zum Himmel.

Es sind die vielen unerledigten Geschäfte, verdrängte Verletzungen und traumatische Erfahrungen die wir im Laufe unseres Lebens gesammelt haben.

Psychologen nennen es ungelöste seelische Konflikte, ich nenne es Dinge die einfach nur dumm gelaufen sind. Unser aller Leben ist voll bespickt mit solchen grossen und weniger grossen Pannen.

Um sie alle psychotherapeutisch fachgerecht zu bearbeiten, würde wohl ein Leben nicht reichen. Viele dieser „Behinderungen" reduzieren sich von selbst wenn wir uns selbst nicht mehr ganz so wichtig nehmen. Verstehen Sie wie ich das meine? Wenn Sie glauben Sie seien der Mittelpunkt der Welt und Ihre Mitmenschen zollen Ihnen nicht den nötigen Respekt, sind Sie selber Schuld wenn Sie leiden. Also schalten Sie als erstes mal einen Gang zurück und erkennen Sie, dass alles gleich wichtig oder unwichtig ist, dann hat sich schon einen Grossteil Ihrer Last verflüchtigt. Somit haben Sie auch den Boden geschaffen um den Rest strategisch klug und wirksam zu harmonisieren. Übrigens wenn Sie alles einschliesslich sich selbst nicht mehr so wichtig nehmen, beginnen Sie zwangsläufig wieder zu lachen.
Vielen von uns ist das Lachen in den Kindertagen schon gründlich ausgetrieben worden.
Gewiss nicht aus böser Absicht. Unsere Eltern, Staat, Kirche und Erzieher wollten anständige, arbeitsame und fromme Menschen aus uns machen, was ist dagegen einzuwenden? Ausserdem haben sie ja nur

weitergegeben was sie selbst empfangen haben.

Aber nun sind Sie alt genug und können selbst entscheiden was Sie aus sich machen.

Ich werde Ihnen gleich ein ganz simples Verfahren zeigen, mit dem Sie sich alles zurück holen können was man Ihnen in den Kindertagen geraubt hat. Ihre Spontanität, Ihr unbefangenes Lachen, Ihre Kreativität, Ihre Lebendigkeit, alles und noch mehr. Wie finden Sie das?

Darüber hinaus können Sie auch Ihre Schuldgefühle und Ihr schlechtes Gewissen, dass Sie überhaupt geboren wurden auslöschen.

Sie können endlich zu dem Menschen werden der Sie sein wollen und das Leben führen das Sie leben möchten.

Wissen Sie überhaupt was Sie anstreben?

Zuvor muss ich Ihnen noch einige Einzelheiten erklären, damit Sie wissen was Sie da überhaupt tun.

Wissen Sie was extreme Nestflüchter sind?

Reptilien zum Beispiel. Die kommen zur Welt und machen sich gleich auf die Socken, sind voll ausgebildet und überlebensfähig.

Wir Menschen dagegen sind extreme Nesthocker. Wir kommen als geistig und kulturell unfertige Wesen zur Welt. Uns muss man alles erst noch beibringen, wir haben im Vergleich zu anderen Säugetieren eine extrem lange Kindheit.

(Ich kenne Exemplare die schon über 40 Jahre an Mamas Rockzipfel hängen...grins.)

Unser Überleben ist also sehr lange vom Wohlwollen irgendwelcher Erwachsenen abhängig, die die Aufgabe haben anständige Bürger aus uns zu machen.

Wir armen unschuldigen Wesen haben natürlich schnell erkannt was Sache ist.

Entsprechen wir nicht den Erwartungen die an uns gestellt werden, folgt die Bestrafung.

Von Liebesentzug bis hin zu körperlichen Züchtigungen.

Unsere grösste Angst ist natürlich dass wir irgendwann nichts mehr zu futten bekommen und verhungern oder auf andere Art entsorgt werden. Also beginnen wir das „so tun als ob Spiel."

Wir tun so, als ob wir so wären wie sie uns haben wollen, haben unsere Ruhe und bleiben am Leben.

Was auf der Strecke bleibt, sind die anderen Teile von uns, die Teile die wir nicht ausleben dürfen, die wir verbergen müssen, die wir kurzerhand im Keller einsperren.

Aber keine Angst sie leben alle noch und gleich erfahren Sie wie sie diese Teile befreien können.

Aber was hat das alles mit unserer unbewussten Aufmerksamkeit zu tun? Nun ganz einfach, im Keller sind zwar keine Leichen aber kleine unschuldige Wesen die leben wollen. Traurige, enttäuschte, zornige, liebevolle, wütende Kinder die man einfach weggeschlossen hat und die darauf warten, dass man sie da wieder raus holt.

Und nun wollen wir mal eins dieser Kinder befreien.

Sind Sie bereit?

Zu sich selbst finden (das innere Kind)

Suchen Sie sich ein Erlebnis aus Ihrer frühen Kindheit, ein Erlebnis bei dem man Ihnen ein Verhalten verboten hat, ein Erlebnis bei dem Sie zu einer Verhaltensänderung gezwungen wurden, sei es durch Androhung von Strafen, Liebesentzug, Schläge oder dergleichen mehr.

Sollten Sie Schwierigkeiten haben, sich konkret zu erinnern, eignet sich auch ein konstruiertes Erlebnis, von dem Sie wissen oder annehmen das es so oder ähnlich stattgefunden haben könnte. Sie können sich da voll und ganz auf Ihre Fantasie verlassen.

Entspannen Sie sich und lassen Sie die Geschehnisse in Ihrem inneren Erleben ablaufen. Sehen Sie das kleine Kind das Sie einmal waren, spüren Sie seine Gefühle, erkennen Sie seine Gedanken und Wünsche.

Versetzen Sie sich möglichst vollständig in die Lage des Kindes das Sie einmal waren, spüren Sie die Trauer, die Enttäuschung und die Ängste, gehen Sie das Erlebnis vollständig durch. Richten Sie Ihre Aufmerksamkeit auf möglichst viele Details der verschiedenen Sinneswahrnehmungen.

Das heisst, achten Sie möglichst darauf was Sie gesehen, gehört, gespürt, geschmeckt und gerochen haben.

Tauchen Sie vollständig ein in die Situation. Werden Sie zu dem Kind von damals und seien Sie der Erwachsene von heute.

Wie Sie das im Einzelnen tun spielt keine Rolle, Hauptsache Sie tun es.

Gehen Sie dann zu diesem Kind hin, nehmen Sie es in Ihre Arme und zeigen Sie Verständnis. Erklären Sie dem Kind warum die einzelnen Beteiligten damals so handelten. Verurteilen Sie niemanden auch wenn die Situation noch so ungerecht war, sondern erklären Sie, dass es bestimmten Beteiligten evtl. an den nötigen Fähigkeiten gefehlt hat angemessen zu reagieren usw.

Zum Schluss versprechen Sie dem Kind, dass Sie es nun nicht mehr allein lassen werden, dass Sie es nicht mehr verstossen werden und dass Sie sich immer um es kümmern werden. Vielleicht stellt das Kind Ihnen Fragen, reden Sie mit ihm. Der Prozess ist beendet, sobald Sie das sichere Gefühl haben, das nun alles in Ordnung ist. ☺

Durch diesen Prozess werden abgespaltene Persönlichkeitsanteile wieder integriert und die damit verbundenen seelischen Konflikte gelöst. Es kommt bei diesem Prozess nicht darauf an ob sich die damalige Situation exakt so abgespielt hat wie Sie sie nun erleben sondern darauf, das Sie die Situation so nehmen wie sie Ihr Unterbewusstsein Ihnen präsentiert.

Dies ist auch der Grund warum es nichts ausmacht wenn Sie keine konkreten Erinnerungen an bestimmte Situationen haben, entscheidend ist Ihre innere Repräsentation der Situation, denn diese ist es auch die Ihr Verhalten, Ihre Gefühle etc. bestimmt.

Ihr System bekommt auf diese Art die Möglichkeit, Dinge zu regulieren zu denen es zur damaligen Zeit noch nicht in der Lage war.

Als Kind waren Sie noch nicht in der Lage bestimmte Dinge zu verstehen, bestimmte Sachverhalte zu erkennen und so entstand ein Konflikt der nie gelöst wurde.

Diese Reintegrationsübung können Sie beliebig oft für verschiedene Lebensphasen durchführen, Sie geht schnell und ist sofort wirksam und mit jedem mal sind Sie ein Stück mehr Sie selbst. Wahrscheinlich werden Sie bemerken, dass Sie durch diese Übung auch immer mehr Details Ihres Lebens erinnern können, dies ist das Resultat, der Tatsache, dass Sie nun über mehr Energie verfügen.

Zusammenfassung:

> ➢ Erlebnis aus der Kindheit bestimmen
> ➢ Das Erlebnis in allen Einzelheiten beobachten
> ➢ Sich mit dem Kind assoziieren
> ➢ Körperkontakt mit dem Kind herstellen – in die Arme nehmen.
> ➢ Den Sachverhalt erklären – Ziel: Erkenntnis, Verständnis.
> ➢ Dem Kind seine volle Loyalität zusichern, versprechen es nie mehr zu verstossen.
> ➢ Sich versichern, dass das Kind verstanden hat – das der Teil integriert ist.

Mein Tipp Nr 3
Führen Sie diese Übung jetzt sofort durch und wiederholen Sie diese zu allen möglichen Themen und Situationen Ihrer Kindheit

Seien Sie bei der Durchführung flexibel, experimentieren Sie ein wenig.

Jeder Mensch ist verschieden, jeder hat seine eigene Art von innerem Erleben. Es gibt Menschen die komplette innere Filme ablaufen sehen. Andere wiederum haben nur eine vage Ahnung von den Dingen die da ablaufen, vielleicht nur so ein Gefühl von dem was da passiert.

Vielleicht erleben Sie auch nichts von alledem und hören innerlich nur Stimmen.

Ganz gleich wie das auch immer bei Ihnen abläuft, so ist es OK.

Versuchen Sie nicht sich jetzt zum Visualisieren zu zwingen, wenn das nicht Ihre bevorzugte Art ist etwas innerlich zu erleben.

Es gibt nichts falsch zu machen. Alles was Sie tun ist richtig wenn Sie sich im Anschluss deutlich besser fühlen.

Sobald Sie einigermassen Routine haben, können Sie diese Übung mit der nun folgenden Übung erweitern.

Das neue Ich

Diese Übung können Sie für sich alleine anwenden oder direkt im Anschluss an die vorhergehende Übung anhängen.

Im Vorfeld sollten Sie sich jedoch ein paar Gedanken über Ihre Zukunft machen. Diese Übung hat eine starke Auswirkung auf Ihre persönliche Verfassung und Ausstrahlung, da sie Ihr Selbstbild verändert. Ursprünglich wurde diese Übung von dem US Schönheitschirurgen Maxwell Maltz entwickelt. Maltz bezweckte damit eine Stärkung des Selbstbewusstsein und eine Optimierung der Gesundheit seiner Patienten. Später wurde diese Übung für allerlei Zwecke modifiziert. Ich verknüpfe sie gerne mit der vorigen Übung (innere Kind), da es in dieser Verbindung gewöhnlich zu ganz drastischen Veränderungen kommt.

Mit dieser Übung können Sie bestimmen wie Sie gerne sein möchten, deshalb mein Hinweis auf Ihre Zukunft.

Sicher haben Sie doch eine Idealvorstellung von sich selbst. Wie Sie aussehen möchten, sich bewegen, wer Sie sein möchten. Sie dürfen auch die äussere Umgebung mit einfliessen lassen.

Vielleicht träumen Sie insgeheim von einem ruhigen Leben an den Traumstränden dieser Welt, nur zu, keine falsche Bescheidenheit.

Aber wundern Sie sich nicht, wenn Sie eines Morgens unter brasilianischer Sonne wach werden – so was kann passieren.

Wichtig ist, dass Sie sich nun ein wenig mit Ihrer Zukunft auseinander setzen. Die Zeiten da Sie alles dem Zufall überlassen haben sind vorbei, nun bestimmen Sie den Kurs.

Und wie schon erwähnt, Bescheidenheit ist hier nicht gefragt, holen Sie sich was Ihnen zusteht und geniessen Sie es. Kennen Sie das Geheimnis der Zauberei?

Zauberer geniessen alles erst auf mentaler Ebene und wenn es ihnen zusagt, tun sie es immer öfter und intensiver, bis es ihnen schliesslich in der Alltagswelt begegnet.

Sie glauben mir nicht?

Die Übung

Wie funktioniert diese Wundertechnik denn nun?

Ganz einfach. Zunächst bringen Sie sich in einem angenehmen ruhigen Zustand, so wie

Sie das schon bei der vorigen Übung mit dem inneren Kind gemacht haben.

Dann fangen Sie an zu träumen. Sehen Sie sich selbst vor sich stehen, so wie Sie gern sein möchten. Schön, gesund, strahlend, selbstbewusst usw...

Lassen Sie sich Zeit in der Anfangsphase, gewöhnen Sie sich erstmal an derartige Arbeiten, falls das alles neu für Sie ist. Lassen Sie im Geist Ihr Idealbild vor sich entstehen und fühlen Sie rein ob das alles passt, ob es sich wirklich gut an fühlt. Statten Sie sich selbst aus mit allem was Sie für Ihr persönliches Glück benötigen.

Von dieser Person die da in Ihrem inneren Erleben entsteht sollen Sie sich richtig angezogen fühlen.

Erschaffen Sie das wahrhaft göttlichste Wesen das Sie sich vorstellen können. Voller Vitalität, Gesundheit, Lebensfreude, Optimismus und mehr....

Dann nehmen Sie sich ein wenig Zeit um sich vollkommen glücklich zu fühlen mit Ihrem anderen Selbst.

Staunen Sie über Ihr anderes Selbst, bewundern Sie wie es aussieht, sich bewegt und mit anderen Menschen spricht. Mit welcher

Leichtigkeit es Probleme löst und Ziele erreicht. Spielen Sie alles durch was für Sie jetzt relevant ist. Ihrer Fantasie sind keine Grenzen gesetzt. Lieben Sie dieses andere Selbst.

Und dann kommt der grosse Augenblick. Gehen Sie hinter ihr anderes Selbst und steigen Sie in Ihr anderes Selbst ein, verschmelzen Sie vollkommen mit ihm. Sie blicken durch die Augen Ihres wahren Selbst, Sie hören mit den Ohren Ihres wahren Selbst und spüren Sie wie gut es sich an fühlt als Ihr wahres Selbst zu leben.

Gehen Sie verschiedene Situationen durch, Wunschsituationen, vergange Situationen und gegenwärtige Situationen. Machen Sie es wie die Zauberer.

Wenn Sie mit diesem Verfahren etwas vertraut sind, verknüpfen Sie beide Übungen. Zuerst holen Sie ein Kind aus dem Keller, dann steigen Sie gemeinsam mit dem Kind in Ihr neues Selbst. Für diese kombinierte Übung benötigen Sie nach wenigen Tagen Anlaufzeit nur ca. 10 bis 20 Minuten.

Wissen Sie was geschieht wenn Sie diese Übung nur einmal täglich machen?

Das müssen Sie schon selbst herausfinden.

Mein Tipp Nr. 4
Lesen Sie erst weiter wenn Sie die
kombinierte Übung
beherrschen.

Lust auf mehr?

Wenn Sie meine Tipps bis hierher befolgt
haben, müsste es Ihnen inzwischen um ein
Vielfaches besser gehen, ich würde sagen
so um die 400% besser.
Falls nicht, sind Sie selber Schuld, von nix
kommt nix, sagt man bei uns.

Aber auch wenn Sie alles befolgt haben,
kein Grund sich auf den Lorbeeren auszu-
ruhen. Es ist tatsächlich so im Leben, wer
stehen bleibt fällt unweigerlich zurück. Das
wollen Sie doch nicht oder?
Wir Menschen reagieren ständig entsprech-
end unseren Denk,- und Verhaltensmustern
und das macht etwa 90 bis 98 % unserer
Aktionen aus. Diese Muster funktionieren
ähnlich wie Computerprogramme die in
unserem Unterbewusstsein installiert sind

und auf entsprechende Sinneswahrnehmungen reagieren. Sie selbst merken wenig oder nichts davon. Solch ein Programm kann Sie den grössten Unsinn machen lassen während Sie glauben es sei Ihr freier Wille. Obendrein finden Sie noch jede Menge logischer Begründungen warum Sie das alles tun.

Betrachten Sie Ihr bisheriges Leben, ist es nicht so, dass Sie im Grossen und Ganzen immer wieder mit den gleichen Typen von Menschen zu tun haben, immer wieder die gleiche Art Probleme anziehen? Wenn Sie sich die Mühe machen würden und eine schriftlich Bilanz Ihres Lebens aufstellen würden, würden Sie wahrscheinlich mit Erschrecken feststellen, dass Sie sich im Grunde genommen immer wieder wiederholen. (siehe Bergantin Methode im Psycho Bestseller)

Es ist nicht so, dass es ausschliesslich negative Muster sind, die Ihr Leben ruinieren, es gibt auch ebenso viele positiven Muster. Für Sie ist es wichtig, dass Sie in der Lage sind solche Muster zu erkennen und auch wissen wie Sie diese umwandeln können, so dass diese für, statt gegen Sie arbeiten.

Doch bevor wir uns nun diesen Mustern zuwenden möchte ich Ihnen noch eine Übung vorstellen die Sie auch sehr vielseitig einsetzen können. Ich nenne diese Übung schlichtweg Transformation wegen ihrem transformierenden Charakter.

Transformation

Mit dieser Übung können Sich sich auf sehr bequeme Weise von allen möglichen Unannehmlichkeiten verabschieden. Ich kann Ihnen jedoch nicht garantieren dass es bei allen Themen funktioniert aber ein Versuch lohnt sich. Ich habe schon erlebt, dass es sogar bei diesen Programmierungen funktioniert hat von denen wir gerade sprachen und das sind so ziemlich die härtesten Nüsse die es zu knacken gilt. Also lassen Sie es uns versuchen, schaden kann es nicht.

Wie schon erwähnt geht es bei dieser Übung darum, dass Sie sich von etwas verabschieden, dass Sie etwas loslassen.
Logischerweise muss es also etwas sein womit Sie jetzt in Kontakt sind.
Angenommen Sie wollen sich von einer schlechten Angewohnheit trennen, dann ist

es wichtig, dass Sie sich zunächst zu eben dieser Angewohnheit bekennen. Solange Sie diese Angewohnheit leugnen, nicht zu Ihr stehen, werden Sie diese auch nicht loslassen können. Dieses Problem haben viele Menschen, dass sie sich zu ihren negativen Seiten nicht bekennen können.

Benutzen Sie diese Übung jetzt als Übergang zur nächsten Ebene unserer gemeinsamen Arbeit.

Suchen Sie sich einen ruhigen Ort, machen Sie es sich bequem und dann erinnern Sie sich nochmal an die wichtigsten Stationen der letzten Tage. Teilweise haben wir ja ganz schön in Ihrer Vergangenheit herumgestochert, viel Staub aufgewirbelt.

Und wenn Sie hier und da mal reingeschaut haben, lösen Sie sich von den einzelnen Bildern und stellen sich vor, dass Sie auf einer Hügelkuppe vor einem Tor stehen.

Ihr ganzes bisheriges Leben liegt hinter und unter Ihnen. Malen Sie sich diese Szene nach Ihrem persönlichen Geschmack aus, seien Sie fantasievoll.

Bevor Sie das Tor nun durch schreiten, halten Sie kurz inne und schauen Sie nochmal zurück. Überblicken Sie Ihre gesamte Vergangenheit. All die schönen und weniger schönen Momente. Seien Sie sich bewusst, dass all dies notwendig war um an diesen Punkt zu gelangen.

Betrachten Sie alles, segnen Sie alles und dann lassen Sie alles los. Sie müssen kein katholischer Priester sein um etwas zu segnen.

Segnen ist viel älter als die katholische Kirche. Lassen Sie alles los und treten Sie durch das Tor.

Sobald Sie Ihre Vergangenheit loslassen erhalten Sie Ihre Kraft zurück, all die Energie, die Sie in die Vergangenheit investiert haben.

Nach dieser kleinen Übung duschen Sie und machen Sie einen kleinen Spaziergang. Sie werden die Welt jetzt mit anderen Augen sehen.

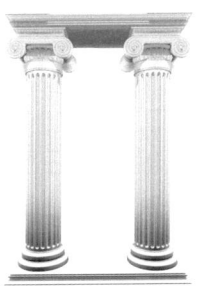

Alles was ich Ihnen bisher gezeigt habe sind Grundübungen die Sie miteinander kombinieren können. So können Sie zum Beispiel vor diesem Tor die Übung mit dem inneren Kind ausführen und auf der anderen Seite des Tores in Ihr neues Selbst einsteigen. Sie können so vieles tun, es gibt nichts falsch zu machen, haben Sie Mut, tun Sie etwas!

Emotionen

Wissen Sie wie Sie jegliche Art von Emotionen erzeugen können?

Richtig, mit Ihrer Aufmerksamkeit. Sie können Ihre Aufmerksamkeit auf etwas erfreuliches richten und schon haben Sie eine Emotion, Sie freuen sich. Das funktioniert natürlich auch mit allen anderen Emotionen, Sie können immer das fühlen worauf Sie gerade Lust haben. Diesen Prozess können Sie selbstverständlich auch umkehren. Sollte Ihnen ein Missgeschick passieren worüber Sie sich bisher geärgert hätten, benutzen Sie Ihre Aufmerksamkeit und verschaffen Sie sich angenehme Gefühle.

Diese Art mit Ihrem Gehirn umzugehen wird Ihnen zunächst sehr fremd vorkommen, einfach weil es all Ihren Gewohnheiten widerspricht. Aber das sollte kein Grund sein auf den Luxus eines selbstbestimmten Gehirns zu verzichten.

Stellen Sie sich vor, Sie kommen vom Einkauf zurück zu Ihrem Auto und stellen fest dass Ihnen jemand eine Riesenbeule in die Tür gefahren hat. Und dieser Jemand hat sich obendrein noch aus dem Staub gemacht. Wie ist Ihre natürliche Reaktion?

Wahrscheinlich werden Sie wütend sein und sich ärgern. Diese Reaktion ist in unserer Gesellschaft völlig normal und verständlich. Noch nie sind Sie auf die Idee gekommen in einer derartigen Situation anders zu reagieren.

Als Kind haben Sie dieses Reaktionsmuster gelernt, alle Welt reagiert ähnlich, warum sollte das anders sein?

Aber nun überlegen Sie mal, was bringt Ihnen diese Art Reaktion? Sie regen sich auf und ruinieren damit Ihre Gesundheit. Wird der Schaden dadurch geringer?

Ändert es etwas an den Tatsachen? Nein und für die zweite Frage noch ein Nein.

Es reicht doch, dass Ihr schönes Auto nun verbeult ist, genügt Ihnen das etwa nicht? Wollen sie sich zusätzlich auch noch den Rest des Tages versauen und sich ärgern?

Mit diesen Gedankengängen sollten Sie sich mal etwas intensiver beschäftigen, das lohnt sich.

Also wenn Ihnen in Zukunft ein Missgeschick gleich welcher Art geschieht, belassen Sie es dabei und ersparen Sie sich zusätzlichen Ärger, das haben Sie nicht nötig.

Von heute auf morgen wird das natürlich nicht funktionieren, da müssen Sie schon etwas Geduld aufbringen. Aber Sie werden feststellen, wenn Sie sich ernsthaft vornehmen auf so etwas nicht mehr rein zufallen, werden die Momente in denen diese Emotionen Ihr Nervensystem vergewaltigen, kontinuierlich kürzer. Dann lächeln Sie nur noch, wenn andere längst am ausflippen sind.

Diese ganze Geschichte hat zudem noch den Vorteil, dass Ihr Kopf frei bleibt, Sie verlieren nicht den Überblick.

Ähnlich verhält es sich mit der Freude. Die meisten Menschen warten auf das Ereignis X um sich dann erst zu freuen. Wer weiss ob X jemals eintreten wird? Was spricht dagegen sich nicht jetzt schon zu freuen? Wie das funktioniert wissen Sie inzwischen.

Sie haben den Wandel selbst erlebt.

Dadurch, dass Sie Ihr Positiv Tagebuch schreiben haben Sie sich eine neue Sichtweise anerzogen. Die Welt um Sie herum hat sich nicht wesentlich geändert, das wird sie nie tun. Aber Ihre Sicht der Dinge hat sich geändert, Sie halten automatisch Ausschau nach schönen Dingen und das tun Sie mittlerweile schon völlig unbewusst.

Es ist das gewohnheitsmässige Denken was uns immer wieder einengt und uns hindert unser wahres Potential zu leben. Unser Unterbewusstsein hat die Tendenz einmal gelerntes Verhalten bis in alle Ewigkeit fortzusetzen, das ist gut und hat viele Vorteile. Aber bei manchen Dingen sollten Sie achtsam sein und nach besseren Alternativen fragen.

Nur dadurch wird das Leben bunt und lebendig, alles andere ist stupides Zeit absitzen und führt zur vorzeitigen Vergreisung.

Was man mit Gewohnheiten alles anstellen kann, darum geht es im nächsten Thema.

Gewohnheiten und wie man mit ihnen spielen kann

Wie schon erwähnt sind Gewohnheiten eine sehr nützliche Einrichtung, vorausgesetzt Sie dienen unsere Entwicklung.

Das Wirkungsfeld der Gewohnheiten können wir in drei verschiedene Bereiche einteilen. Es gibt die Gewohnheiten des

➤ Denkens,
➤ Fühlens und
➤ Handelns.

Wenn Sie sich mal die einzelnen Bereiche näher anschauen werden Sie feststellen, dass die Nützlichkeit der

Gewohnheiten beim Handeln

am grössten ist. Viele Dinge in Ihrem Alltag tun Sie gewohnheitsmässig, sind Routine und entlasten somit Ihre Aufmerksamkeit. Beispiel Auto fahren, laufen etc.

Bei den **Gewohnheiten des Fühlens**

wird es schon etwas dünner mit der Nützlichkeit. Wenn Sie fühlen, dass die Temperatur sinkt und Sie sich gewohnheitsmäßig etwas warmes anziehen, schützt Sie das vor einer Erkältung. Wenn Sie spüren, dass Sie Durst haben und etwas trinken ist das auch in Ordnung. Aber wenn Sie sich schlecht fühlen nur weil heute Montag ist und Sie wieder zur Arbeit müssen und Sie sich Montags immer schlecht fühlen, dann sollten Sie etwas unternehmen.

Den **Gewohnheiten des Denkens** sollten Sie sehr skeptisch gegenübertreten. Diese Art Gewohnheiten blockieren in der Regel jegliche Kreativität. Die Gewohnheit der Gedanken bilden die sichersten Gefängnisse der Welt.
Wer diesem Gefängnis entflieht, den erwartet wahre Freiheit.

Auf der einen Seite sind Gewohnheiten sehr nützlich, weil sie unsere Aufmerksamkeit entlasten, auf der anderen Seite rauben Sie uns sehr viel Energie, lullen uns ein, machen das Leben langweilig und sind absolut nicht bewusstseinserweiternd.
Wie sehr das zutrifft können Sie selbst erfahren, indem Sie ein wenig mit Ihren Gewohnheiten spielen. Machen Sie mal drei Tage lang alles ganz anders. Stehen Sie morgens zu einer anderen Zeit auf, bewe-

gen Sie sich dabei anders, frühstücken Sie an einem anderen Ort und natürlich etwas anderes wie gewohnt. Wofür Sie bisher die linke Hand benutzt haben, nehmen Sie jetzt die rechte Hand. Sicher gibt es viele Wege zu Ihrer Arbeit, nehmen Sie jeden Tag einen anderen Weg. Achten Sie bewusst auf Dinge, die Sie sonst gewohnheitsmäßig übersehen haben. Auch bei Ihren beruflichen Tätigkeiten gibt es eine Menge Handlungen, die Sie anders ausführen können. Und vor allen Dingen durchbrechen Sie auch die Gewohnheitsmuster Ihrer Unterhaltungen. Begrüssen Sie Ihre Mitmenschen auf eine andere Art und mit anderen Worten. Stellen Sie andere Fragen, geben Sie andere Antworten. Und wenn Sie schlafen gehen, legen Sie sich mit dem Kopf in eine andere Richtung.

Wenn Sie es fertig bringen, denken Sie beim Einschlafen auch andere Gedanken wie gewöhnlich.

Je mehr Kleinigkeiten Sie finden, die Sie anders machen können umso besser das Resultat.

Welches Resultat?

Das müssen Sie schon selbst herausfinden.

Mein Tipp Nr. 5
Bringen Sie Ihre Emotionen
unter Kontrolle und spielen
Sie mit Ihren Gewohnheiten.
Fangen Sie sofort damit an.

Die besondere Kraft liegt im Jetzt

Ist Ihnen aufgefallen, dass ich immer alles
sofort von Ihnen fordere? Ich tu das nicht
um Sie zu ärgern, würde mir nie einfallen.
Nein, ich möchte Ihnen damit eine ganz
besondere Kraft zugänglich machen, die
Kraft des Augenblickes, die Kraft der Gegenwart.
Nur im Hier und Jetzt ist Ihnen die Möglichkeit gegeben etwas zu bewirken und
diese einmalige Möglichkeit sollten Sie zu
100% nutzen.
Vielleicht gehören Sie zu den Menschen,
die ständig auf der Suche sind nach der
Wundermethode mit der man im Handum-
drehen sein ganzes Leben ändern kann,
möglichst ohne Eigeninitiative.
Ich kenne Menschen die hunderte von
schlauen Büchern gelesen haben, die un-

zählige, zum Teil sehr gute Seminare be-
sucht haben und bei denen sich trotz allem
absolut nichts geändert hat. Und warum?
Weil Sie nie in der Lage waren die Kraft
der Gegenwart zu nutzen.

hmm, da ist was drann,
vielleicht sollte ich nun
wirklich mal was tun.

Wenn Sie erst einmal die
Kraft der Gegenwart
gekostet haben, sind Sie
nicht mehr zu bremsen.
Dann wird Ihre Energie
grenzenlos sein.

Was hindert Menschen daran aktiv zu werden, zu tun was sie eigentlich tun möchten?
Mit diesem Problem sind wir alle schon
mehr oder weniger konfrontiert worden.
Wir haben eine ganz bestimmte Vorstellung
von etwas, wissen auch wie wir es verwirklichen könnten, haben vielleicht sogar

einen guten Plan, eine gute Strategie aber sind dann wie gelähmt.

Wir kommen einfach nicht aus den Startlöchern oder wir beginnen voller Zuversicht um es nach wenigen Tagen wieder aufzugeben.

Die Antwort lässt Sie vielleicht erstaunen, Sie haben einen Gegenspieler, möglicherweise sogar mehrere Gegenspieler. Erinnern Sie sich an die Kinder in Ihrem Keller? Nicht selten entpuppt sich solch ein Kind als Gegenspieler, genauso gut können es aber auch andere Aspekte Ihrer Persönlichkeit sein.

Aber Sie brauchen deshalb keine Angst zu haben, Sie sind nicht verrückt und diese Teilpersönlichkeiten wollen Ihnen auch nichts Böses antun.

Im Gegenteil, Sie wollen nur das Beste für Sie, vor allen Dingen wollen sie Sie beschützen. Diese Teilaspekte handeln nach besten Wissen und sind sehr zuverlässig in ihrem Tun.

Teilpersönlichkeiten werden immer in besonderen Situationen geboren, in seelischen Ausnahmezuständen.

Sie besitzen eine andere Art von Verständnis und sind sehr praktisch veranlagt.

Eine Möglichkeit wie man diese Teile wieder unter einen Hut bringt haben Sie bereits als eine unserer Grundübungen kennen gelernt.

Im Folgenden beschreibe ich Ihnen ein weiteres Verfahren wie Sie diese Teilpersönlichkeiten zu wertvollen Mitarbeitern rekrutieren können.

Die innere Einheit

Was würden Sie gerne tun, wobei Sie sich aber immer wieder selbst im Weg stehen? Welche Eigenheiten würden Sie gerne ablegen bzw. modifizieren? Das können sein:

- ➢ Dinge die Sie sowieso tun müssen aber immer auf die lange Bank schieben. Zum Beispiel Ihre Steuererklärung.
- ➢ Pläne/Vorhaben, die Sie zwar schon oft angefangen aber nie zum Ende gebracht haben. Zum Beispiel Sport treiben, abnehmen etc.
- ➢ Dinge, die Sie zwar gerne verwirklichen würden aber nie angefangen haben.

- ➢ Verdächtig häufige Fehler in Ihren Aktionen, die nicht sein müssten.
- ➢ Unbegründete Hemmungen/Ängste.
- ➢ Übertriebene Vorsicht.
- ➢ Der Hang zu übertriebenen Perfektionismus (Korinthenkackerei). Falls Sie in der Lage sind das bei sich selbst zu erkennen☺
- ➢ Weitere.....

Wie schon erwähnt handelt es sich hier um Teile Ihres Selbst. Der grösste Fehler den Sie begehen könnten wäre es, gegen diese Eigenheiten zu kämpfen.

Dies käme ein Kampf gegen sich selbst gleich. Selbst wenn Sie, diesen Kampf gewinnen würden, hätten Sie ihn auch gleichzeitig verloren.

Darüber hinaus absorbieren innere Konflikte eine Unmenge an wertvoller Energie und sind Ursache von vielen psychosomatischen Erkrankungen.

Im Gegenzug gewinnen Sie sehr viel Energie wenn Sie solche Konflikte harmonisieren. Dies konnten Sie bei der inneren Kind Arbeit reichlich erfahren.

Zunächst definieren und analysieren Sie das Thema:

> ➤ Worum geht es?
> ➤ Warum will ich es?
> ➤ Welche Vorteile kann ich erwarten?
> ➤ Welche Nachteile könnten sich ergeben?
> ➤ Welche Folgen würde es nach sich ziehen?
> ➤ Was muss ich dafür opfern/leisten?
> ➤ Wem ausser mir würde es nutzen?
> ➤ Wem ausser mir könnte es schaden?
> ➤ Fortsetzung....

Diese Fragen sind eine wichtige Vorbereitung für die eigentlich Arbeit. Je mehr Fragen Sie sich zum Thema stellen um so mehr Suchprozesse lösen Sie damit in Ihrem Unterbewusstsein aus. Gleichzeitig werden Ihre Gegenspieler auf den Plan gerufen. Diese Vorarbeit sollten sie auf jeden Fall schriftlich erledigen.

Wenn Sie alles beisammen haben, dürfen Sie es sich wieder gemütlich machen.
Entspannen Sie sich, beruhigen Sie sich und schalten Sie Ihr Kopfkino an.

Nun ist Ihre Fantasie, Ihre Kreativität gefragt. Schaffen Sie einen für Sie persönlich reizvollen Ort, an dem Sie sich mit Ihrem Gegenspieler/n treffen. Das kann ein Konferenzraum ebenso ein gemütlicher Spaziergang in der Natur sein. Nehmen Sie das was vor Ihrem inneren Auge entsteht. Übrigens, ich habe es schon erwähnt, falls sie Probleme haben etwas zu visualisieren, können Sie das auch auf andere Art machen. Es kann durchaus auch nur ein innerer Dialog sein oder einfach nur eine vage Vorstellung. Gestalten Sie es auf Ihre eigene Art, so wie Sie immer etwas innerlich erleben wenn Sie eine Situation geistig durchspielen.

Jeglicher Zwang ist hier fehl am Platz. Sobald Sie die Situation einigermassen stabil innerlich erleben, bitten Sie alle Teilpersönlichkeiten die für die Sache relevant sind zu erscheinen.

Akzeptieren Sie jede Erscheinung so wie sie sich Ihnen darbietet.

Dann formulieren Sie Ihr Vorhaben, Ihr Ziel und fragen in die Runde ob es irgendwelche Einwände dagegen gibt. Hören Sie sich die Einwände gut an, welche Motivation steckt dahinter?

Ihre Aufgabe besteht nun darin, die Beweggründe aller Teilnehmer auf einen gemeinsamen Nenner zu bringen. Der letztendliche gemeinsame Nenner aller lebenden Systeme ist das Überleben. Wenn Sie in diese Richtung arbeiten liegen Sie auf jeden Fall richtig und werden zu einem Ergebnis kommen. Verkomplizieren Sie sich diese Übung nicht unnötig, es geht hier einzig um eine innere Überzeugungsarbeit, wie im wirklichen Leben. Ihr Gefühl wird Ihnen sagen wann es gut ist, Sie fühlen sich dann deutlich stärker.

Behandeln Sie Ihre inneren Partner mit dem nötigen Respekt, würdigen Sie deren Beweggründe. Vereinbaren Sie ein akzeptables Ergebnis für beide Seiten, so dass es zu einer inneren Vereinigung kommt. Besiegeln Sie das ganze mit einer freundschaftlichen Geste, die für Sie selbst sehr beeindruckend wirkt.
Nehmen Sie sich für diese Übung Zeit und arbeiten Sie gewissenhaft. Wenn Sie fertig sind, sollte es Ihnen leicht fallen alle Maßnahmen durchzuführen die Sie zum Ziel bringen.

Gibt es irgendwo Schwierigkeiten, kehren Sie zurück zur Konferenz und wiederholen den Prozess, wahrscheinlich haben Sie irgendetwas wichtiges übersehen.

Der 24 Stunden Coach

Ein persönlicher Coach, der 24 Stunden verfügbar ist, wäre das nicht eine feine Sache? Solch einen Coach sollten Sie unbedingt engagieren.

Das können Sie sich nicht leisten, ist viel zu teuer? Doch, Sie können und er kostet Sie keinen Cent.

Darüber hinaus arbeitet er zuverlässiger und effektiver wie jeder bezahlte Coach den Sie sich leisten könnten.

Wie Sie zu so einen Coach kommen, darum geht es jetzt im Folgenden.

Anhand unser bisherigen Übungen konnten Sie erfahren, dass man viele Dinge auf mentaler Ebene durchführen kann, die dann auch in der Alltagswelt enorme Wirkung zeigen.

Die Ebene unseres Unterbewusstsein unterliegt anderen Gesetzmässigkeiten wie die unserer bewussten Welt. Im Reich des Unbewussten ist der Mensch ein magisches Wesen, hier ist alles möglich was vorstellbar ist. Diese Tatsache können Sie für Ihre persönliche Entwicklung nutzen.

Kreieren Sie Ihren ganz persönlichen Ratgeber, Ihren persönlichen 24 Stunden Coach und staunen Sie was mit ihm alles möglich ist.

Entspannen Sie sich, schliessen Sie die Augen und stellen Sie sich eine Person vor, die all das verkörpert was Sie von Ihrem persönlichen Begleiter erwarten. Nehmen Sie sich Zeit. Sie müssen vollkommen vertraut mit ihm werden.

Mit vertraut werden meine ich, dass es Ihnen keine Mühe bereitet ihn wahrzunehmen sobald Sie das möchten. Vielleicht hatten Sie als Kind auch einen imaginären Freund, dann wissen Sie vielleicht noch wie das geht.

Als nächstes braucht Ihr Coach einen Namen. Sie können ihn nach seinem Namen fragen. Falls Sie keine Antwort erhalten, geben Sie ihm selbst einen Namen. Vielleicht sagt er Ihnen später noch wie er heisst.

Das klingt Ihnen alles zu abenteuerlich, zu irreal? Dann verzichten Sie doch einfach zugunsten Ihrer Vorurteile auf diese wertvolle Hilfe und überspringen Sie die nächsten Zeilen.

Es geht hier nicht um die objektive Realität, die man uns andressiert hat, es geht hier vielmehr um Ihre subjektive Realität. Diese subjektive Realität ist formbar, veränderbar. Alles worauf sich Ihre subjektive Realität stützt, sind Ihre ganz persönlichen Glaubensmuster.

Wofür ist ein solcher selbst geschaffener Coach zu gebrauchen?
Dieser Coach ist universell einsetzbar. Er kann eine zuverlässige Erinnerungsstütze sein. Er kann Sie motivieren und er kann Ihnen wertvolle Ratschläge geben. Und ob Sie es glauben oder nicht, mit solch einem Coach als Ihrem zuverlässigen Helfer können Sie sogar Ihren Wecker verschrotten, denn wenn Sie es möchten, wird er Sie pünktlich auf die Minute wecken.
Aber warten Sie, die richtigen Unglaublichkeiten kommen noch. Dieses selbst geschaf-fene Wesen hat vollen Zugang zu Ihrer Schaltzentrale, zu Ihrem Unterbewusstsein. Wissen Sie was das bedeutet? Können Sie sich vorstellen welche Möglichkeiten Ihnen damit offen stehen?

Sie können Ihn losschicken bestimmte Dinge die aus dem Gleichgewicht geraten sind zu regulieren, zu harmonisieren. Er kann für Sie mitunter mehr erreichen wie ein gut ausgebildeter Hypnosefachmann. Wie das alles funktioniert wollen wir uns jetzt mal näher anschauen.

Wenn Sie intensiv an etwas denken oder sich etwas wünschen und sich davon eine bildhafte Vorstellung machen, erzeugen Sie ein Gedankenwesen. Je länger und öfter Sie sich darauf konzentrieren umso mehr Energie führen Sie diesem Wesen zu und umso größer, stärker und mächtiger wird es. Auch wenn Sie diese Vorstellung loslassen kehrt sie wie von selbst immer wieder zurück um sich von Ihrer Aufmerksamkeit zu nähren. Im Laufe unseres Lebens machen wir alle mehr oder weniger eine solche Erfahrung. Im alltäglichen Sprachgebrauch nennt man es „eine fixe Idee haben." Schlimmere Formen nennt man „Zwänge." Auf diese Weise entstehen tatsächlich Gewohnheiten, Zwänge, Abhängigkeiten, Süchte und Ängste. Dies ist der negative Aspekt der Gedankenwesen. Der positive Aspekt hingegen ist ein hilfreiches Wesen zu schaffen, dass sogar mit einem gewissen Quantum Intelligenz ausgestattet ist.

Aber auch in Punkto Intelligenz gibt es wie immer im Leben mindestens zwei Seiten. Ein intelligentes Gedankenwesen kann Ihnen sehr gute Dienste erweisen. Zumal ein solches Wesen Zugang zu all Ihren unbewussten Ressourcen hat. Neben Ihrer Intelligenz besitzen diese Wesen jedoch auch einen gewissen Überlebenstrieb und das wiederum ist die Kehrseite. Denn wie alles was lebt, wollen sie wachsen und sich ausbreiten, sie beanspruchen Lebensraum und dieser besteht aus der geistigen Landschaft ihres Erzeugers. In Ihrem Fall also aus Ihrer geistigen Landschaft. Es kann sehr schnell passieren, dass Sie zum Diener dessen werden, den Sie ursprünglich zu Ihren Diensten geschaffen haben. Ein von Ihnen geschaffenes Wesen kennt Sie besser als Sie sich vorstellen können. Es kennt alle Ihre Eigenheiten und Schwächen und weiss genau wo es ansetzen muss um Sie einzusacken. Wie es sich letztendlich verhält ist schwer voraussehbar, denn niemand weiss welche dunklen Eigenschaften in den Tiefen Ihrer Seele schlummern.

Das heimtückische an diesen Wesen ist, man kann sie nicht bekämpfen, denn je mehr man gegen sie ankämpft umso stärker werden sie, da sie sich von unserer Energie in Form von Aufmerksamkeit ernähren.
Die einzige Möglichkeit sie wieder los zu werden ist, ihnen keine Aufmerksamkeit mehr zu schenken und das muss geschehen bevor Sie ihnen zum Opfer fallen.

Na, haben Sie jetzt Angst? Dann haben Sie Angst vor sich selbst. Es sind schliesslich Ihre Gedanken aus denen Ihr Coach besteht, es sind Ihre Vorstellungen, Ihre Bilder und Ihre Energie in Form von Aufmerksamkeit. Wenn Sie alle vorangegangenen Übungen gewissenhaft durchgeführt haben und alle weiteren Anweisungen genau befolgen, kann im Prinzip nichts schief gehen.

Von den Diensten die uns der 24 Stunden Coach erweist mal abgesehen, gibt es kaum eine bessere Möglichkeit uns selbst kennen zu lernen. Mit all unseren Schwächen und Stärken. Und was man gut kennt, das wissen Sie ja, damit kann man auch gut umgehen. Ich will Sie jedoch zu nichts überreden, entscheiden Sie selbst.

Das nun Folgende wird Ihren Verstand sicher noch einmal ordentlich beanspruchen aber machen Sie sich nichts daraus, das ging mir ebenso. Denken Sie einfach an Ihre letzten verrückten Träume, die haben Sie auch alle selbst produziert und Ihr Verstand musste sich damit abfinden. Ausserdem müssen Sie ja niemanden erzählen was Sie da alles so treiben, auch wenn sich Ihre Umwelt über Ihre plötzlichen Fortschritte wundern wird.

Wir wissen also nun wie unser Coach aussieht und wie er heisst. Als nächstes müssen Sie ihm eine Lektion in Erziehung verpassen, schliesslich soll er ja für Sie arbeiten und nicht umgekehrt. Also sagen Sie ihm wer der Chef ist. Machen Sie ihm unmissverständlich klar, dass Sie der Boss sind und er alles tun muss, was Sie ihm auftragen zu tun. Und sagen Sie ihm auch, dass Sie Ihn sofort verhungern lassen, sollte er auch nur in einem Punkt gegen Ihre Befehle verstossen.

Und genau das müssen Sie auch tun, sollte es notwendig sein. Verstösst der Coach gegen Ihre Regeln, entziehen Sie ihm sofort jegliche Aufmerksamkeit.

Später schaffen Sie sich dann einen neuen Coach und hier lernen Sie schon aus den Fehlern die Sie beim ersten Coach gemacht haben.

Fehler bestehen im Prinzip immer in mangelnder Disziplin. Je disziplinierter Sie Ihre Gedanken, Ihre Aufmerksamkeit gebrauchen, umso disziplinierter verhält sich Ihr Gedankenwesen.

Wie sag ich´s meinem Coach?

Ganz einfach, schliessen Sie die Augen, rufen Sie ihn beim Namen, lassen Sie ihn vor sich entstehen und sagen Sie ihm wer der Chef ist und was passiert wenn er ungehorsam ist.

Verkomplizieren Sie es nicht unnötig, es ist ganz einfach.

Als nächstes spielen Sie ein wenig mit ihm, verpassen Sie ihm ein paar einfache Trainingseinheiten. Dressieren Sie ihn wie ein Hund. Das erste was er lernen sollte ist, nur zu erscheinen wenn Sie ihn rufen. Ausnahme, wenn Sie ihn für irgendwelche Sicherheitsmaßnahmen programmiert haben.

Zum Beispiel wenn Sie im Begriff sind gerade einen Fehler zu begehen, etwas übersehen oder vergessen. In solch einem Fall darf er eigenständig erscheinen, Ihnen auf die Schulter klopfen und sagen: „Hey mein Freund pass mal auf, da hast Du was übersehen."

Meiner Erfahrung nach ist das beste Training, wenn Sie ihn beauftragen eine Woche lang drei bis fünf mal täglich an einem bestimmten Ort zu erscheinen. Wo das ist spielt keine Rolle, das kann Ihr Wohnzimmer sein oder jeder andere Ort, den sie mehrmals täglich aufsuchen. Sobald er da erscheint, loben Sie ihn und schenken Sie ihm ganz besonders viel Aufmerksamkeit, danach schicken Sie ihn wieder weg.

Falls Sie sich mit Hundeerziehung auskennen, hier gelten die gleichen Prinzipien.

Die nächste Aufgabe kann schon etwas komplexer sein. Lassen Sie sich von Ihrem Coach zu einer bestimmten Urzeit wecken. Hier sollten Sie anfangs keine allzu hohen Anforderungen stellen und eine Toleranz von plus/minus 10 Minuten einbauen. Das heisst, wenn Sie um 6.15 Uhr geweckt werden wollen, ist es für den Anfang OK wenn er Sie zwischen 6.05 Uhr und 6.25 Uhr weckt.

Wenn Sie das Gefühl haben, dass diese einfachen Dinge gut funktionieren, gehen sie zur nächsten Stufe über. Beauftragen Sie Ihren Coach an der Lösung eines Problems mitzuarbeiten. Schildern Sie ihm den Sachverhalt und setzen Sie einen Termin fest, bis wann Sie entsprechende Lösungsvorschläge wünschen. Lassen Sie sich überraschen. Wichtig ist, dass Sie Ihren Coach nach jeder erfüllten Aufgabe mit viel Aufmerksamkeit belohnen.

Hat das funktioniert?

Schön, dann lassen Sie Ihren Coach doch ein paar innerbetriebliche Angelegenheiten für Sie erledigen. Ich kann Ihnen hier nicht versprechen dass immer alles funktioniert aber ein Versuch ist es allemal wert. Vielleicht wollten sie schon immer ein paar Pfund abnehmen, mit dem Rauchen aufhören, selbstbewusster werden usw...

All die vielen Dinge, bei denen Ihnen ein Coach, ich meine nun einen physischen Coach, helfen kann, können Sie mit Ihrem inneren Coach besprechen. Damit Sie einen groben Anhaltspunkt haben wie solche Gespräche geführt werden können, gebe ich Ihnen hier ein paar Beispiele:

Zunächst rufen Sie Ihren inneren Coach auf, zu erscheinen. Die Art und Weise wie Sie dies tun spielt keine besondere Rolle. Jedoch sollten Sie sich für eine ganz bestimmte Form entscheiden und dann immer nach dem gleichen Muster verfahren. Auf diese Weise konditionieren Sie Ihren inneren Coach und Sie sind mit der Zeit in der Lage ihn auch in stürmischen Situationen zu rufen.

Thema Gewichtsreduktion

„Ich wiege zur Zeit xx Kilo, besser ist es nur yy Kilo zu wiegen. Das hat bestimmte Gründe. Geh los und schau nach, es gibt da etwas bestimmtes zu tun für Dich. Dinge in mir, die zu regeln sind. Und du weisst am besten was zu tun ist, damit ich in ?? Wochen mein Gewicht von yy Kilo erreicht habe und dieses auch beibehalte.

Du wirst die nächsten Wochen genau beobachten was ich tue, was ich denke und bevor ich überhaupt auf den Gedanken komme etwas falsches zu essen oder zu trinken, bist Du zur Stelle und regelst meine Gedanken, mein Fühlen und Tun auf eine Weise, wie es gut für mich ist, so dass ich mein Gewicht erfolgreich reduziere und es mir riesigen Spass bereitet. Du wirst alle gesunden Möglichkeiten ausschöpfen. Sorge dafür, dass ich in den nächsten 10 Minuten ganz deutlich das Gefühl habe, dass ich auf Deine Hilfe vertrauen kann."

Thema Rauchen

„Du weisst wie ungesund das Rauchen ist und Du weisst auch warum ich rauche und was genau zu tun ist, damit das Rauchen für mich kein Thema mehr ist. Lass mich die Lust zu rauchen einfach vergessen auf eine Art und Weise, wie es gut für mich ist. Sorge dafür, dass ich in den nächsten 10

Minuten ganz deutlich das Gefühl habe,
dass ich auf Deine Hilfe vertrauen kann."

Thema Lernen/Gedächtnis/Prüfung
„Du weisst, dass ich gerade dabei bin mich
auf die Prüfung XY vorzubereiten und Du
weisst auch wie ich den Lernstoff ver-
arbeiten muss um alles zu verstehen und
immer wenn es nötig ist darauf zugreifen zu
können. Du hast nun die Aufgabe dies alles
optimal zu regeln. Und sollte es nötig sein,
erscheinst Du und bringst mit die notwen-
digen Informationen. Ich weiss, dass ich
mich 100% auf dich verlassen kann. Sorge
dafür, dass ich in den nächsten 10 Minuten
ganz deutlich das Gefühl habe, dass ich auf
Deine Hilfe vertrauen kann."

Thema Leistungssteigerung/Sport
„Du bist nun mein spezieller Trainer für
den Wettkampf X. Deine Aufgabe ist es
jegliche Bewegungsabläufe zu optimieren,
damit ich den Wettkampf X gewinne. Du
sorgst nun dafür, dass ich mich leicht und
mühelos bewege, dass.... (alles was hier
speziell benötigt wird).
Du weisst was ich benötige um mein bestes
zu geben. Wenn ich Dich das nächste mal

rufe wirst Du mir ein paar wertvolle Tipps geben.
Sorge dafür, dass ich in den nächsten 10 Minuten ganz deutlich das Gefühl habe, dass ich auf Deine Hilfe vertrauen kann."

Thema Gesundheit/Heilung

„Geh zu meinem inneren Heiler und finde heraus, was geschehen muss um eine Heilung zu ermöglichen/ beschleunigen. Leite alles in die Wege damit der Heilungsprozess zügig voranschreitet. Lass mir alle Informationen zukommen die ich benötige auf eine Art und Weise wie es gut ist für mich und meine Gesundheit.
Verschaffe mir nun Zugang zu allen Ressourcen, die dem Heilungsprozess fördern.
Sorge dafür, dass ich in den nächsten 10 Minuten ganz deutlich das Gefühl habe, dass ich auf Deine Hilfe vertrauen kann."

Thema negative Glaubensmuster

„Da ich immer wieder:

unter........................ leide

.... erlebe

Menschen wie .... in mein Leben ziehe

mich .... fühle

nicht über .... hinaus komme
übertrieben vorsichtig, misstrauisch, ängstlich, schüchtern, zurückhaltend etc. bin
ausgenutzt, belogen, betrogen etc.. werde
weitere immer wiederkehrende Muster Ihres Lebens.

Muss ich davon ausgehen dass es sich hier
um ein hartnäckiges Glaubensmuster handelt. Deine Aufgabe ist es nun dieses Glaubensmuster zu modifizieren.
Überprüfe welchem Zweck dieses Muster
ursprünglich diente und passe es den neuen
Gegebenheiten an.
Bring mir alle Informationen die ich benötige um auf bewusster Ebene diese Arbeit
zu unterstützen.
Sorge dafür, dass ich in den nächsten 10
Minuten ganz deutlich das Gefühl habe,
dass ich auf Deine Hilfe vertrauen kann."

Sie sehen so ein innerer Coach ist in der Tat
universell einsetzbar.

Das Muster, wie sie Ihren Coach beauftragen ist immer das gleiche.

- ➢ Auf das zu bearbeitende Problem / Ziel hinweisen
- ➢ Den Auftrag erteilen
- ➢ Die genaue Vorgehensweise bleibt dem Coach überlassen
- ➢ Eine Bestätigung in Form des deutlichen Gefühl des Vertrauens einfordern (innerhalb einer kurz bemessenen Zeit)

Was tun, wenn das Gefühl der Bestätigung ausbleibt?

Sollten Sie nicht deutlich ein Gefühl der Bestätigung wahrnehmen (innerhalb der festgesetzten Frist, es handelt sich hier einfach um die innere Gewissheit, dass sich jetzt etwas tut), rufen Sie Ihren Coach erneut und fragen nach der Ursache.

Häufige Ursache am Anfang ist ein zu schnelles Fortschreiten. Das heisst, Sie müssen sich einfach mehr Zeit nehmen und ein besseres Verhältnis zu Ihrem Coach auf-bauen.

Ich kann Ihnen hier keine genauen Zeiten vorgeben, es gibt Menschen die innerhalb einer Stunde oder weniger ein optimales Verhältnis herstellen.

Andere wiederum benötigen Wochen oder gar Monate bis sie zu brauchbaren Ergebnissen kommen. Ich kann Ihnen jedoch garantieren, dass es sich lohnt darauf hinzuarbeiten, selbst wenn es Jahre dauern würde. Es ist ja schliesslich nicht so, dass Sie einen Vollzeitjob daraus machen müssen, was zählt ist die Kontinuität, die Regelmäßigkeit.

Die Kündigung oder wie trenne ich mich von meinem Coach?

Ich hatte es anfangs schon erwähnt, der Coach darf nicht gegen Ihre Regeln verstossen. Tut er es trotz allem, müssen Sich sich sofort von ihm trennen, ihn auflösen und keine Beachtung mehr schenken.

Ein gut verdichtetes Gedankenwesen hat in der Regel eine gehörige Portion Überlebenswillen und Intelligenz und weiss diese auch zu nutzen. Solange es sich hier um eine gesunde symbiotische Beziehung handelt sind diese Eigenschaften sogar wünschenswert. Je stärker und intelligenter Ihr 24 Stunden Coach ist, um so wirksamer wird seine Arbeit sein. Allerdings dürfen Sie keinerlei Sympatien für dieses künstlich geschaffene Wesen entwickeln. Dies wäre Ihr erster Schritt in die Abhängigkeit, in die Versklavung.

Sie sollten sich immer im klaren darüber sein, dass es sich hier lediglich um Gedanken, Bilder und Gefühle handelt, die Sie selbst kunstvoll zusammengefügt und zum Leben erweckt haben.

Aber seien Sie nun nur nicht eingebildet, so etwas tun Millionen von Menschen jeden Tag.

Jeder Suchtkranke, jeder Fanatiker, jeder Depressive, hat sich so sein Monster erschaffen das ihn nun tagtäglich quält.

Den einzigen Vorteil den Sie haben, Sie tun es bewusst und (hoffentlich) kontrolliert.

Sie tun es nicht um Ihre Gesundheit zu ruinieren und Ihre Freiheit aufs Spiel zu setzen, sondern um sich zu entwickeln und mehr Freiheit zu erlangen.

Sollten Sie es eines Tages als notwendig erachten, sich von Ihrem Coach zu trennen, verfahren Sie wie folgt:

> Rufen Sie Ihren Coach
> Schalten Sie Ihren Verstand ein

- ➢ Werden Sie sich klar darüber, dass es Ihr Werk ist
- ➢ Schauen Sie den Coach an, wie fühlt er sich?
- ➢ Nehmen Sie all diese Gefühle mit Ihren Augen auf und legen Sie diese neben Ihrem rechten Fuss ab, wo sie in den Boden einsinken. Gehen Sie tatsächlich mit Ihren Augen dorthin.
- ➢ Das gleiche machen Sie nun mit seiner Stimme. Nehmen Sie seine Stimme mit Ihren Augen auf und schleudern Sie die Stimme schwungvoll in Richtung Ihres rechten Ohr in die Ferne.
- ➢ Nun nehmen Sie die gesamte Erscheinung Ihres Coaches mit Ihren Augen auf und schleudern sie nach rechts oben in den Himmel.

Sollte nun noch irgendetwas von Ihrem Coach übrig sein, unterziehen Sie den Rest dem gleichen Verfahren, allerdings Seitenverkehrt. Gefühle zum linken Fuss, Stimme zum linken Ohr, Erscheinung nach liks oben.
Falls Sie sich mit NLP auskennen haben Sie sicherlich erkannt worum es hier geht.

Ach, und noch etwas, keine Sentimentalitäten bitte, Sie brauchen sich nicht von Ihm zu verabschieden, brauchen kein schlechtes Gewissen zu haben und ihm auch nicht zu danken, nichts von alledem, es war nur ein künstliches Gebilde.

Über die Grenzen hinaus

Die spirituell interessierten Leser sind be-stimmt schon am grübeln inwieweit so ein Coach über die eigenen körperlichen Gren-zen hinaus einsetzbar ist. Kann so ein Coach auch Informationen an andere Men-schen weitergeben? Kann ein hellsichtiger Mensch solch ein Wesen wahrnehmen? Kann solch ein Wesen auch von einer Gruppe geschaffen werden?

Möglichkeiten gibt es viele, allerdings auch viele Fallgruben.

In meinem Buch „Der Psycho Bestseller" habe ich von einem Freund berichtet, der mit so genannten Elementalen grandiose geschäftliche Erfolge erzielt. Mittlerweile ist mehr als ein Jahr vergangen. Seine Ge-schäfte blühen wie nie zuvor, er jedoch ist am verwelken. Ein körperliches Wrack und für nichts, außer geschäftliche Themen mehr ansprechbar,

Opfer seiner eigenen Elementale.

Im Jahr 2001 besuchte ich mit meiner Partnerin Freunde in Venezuela, ein paar seltsame aber sehr liebenswürdige Men-schen, die sich intensiv mit solchen Themen befassen. Während unserer Anreise mit dem

Überlandbus machten wir uns Gedanken ob wir sie denn wiederfinden würden, ob sie überhaupt noch dort wohnten usw...

Als wir den Bus in einem kleinen Städtchen, nahe der Küste verliessen, wurden wir überschwänglich von einer älteren Frau begrüsst, die uns zwar sehr vertraut vor kam aber völlig unbekannt war.

Sie sei gekommen um uns abzuholen und tatsächlich führte Sie uns zielstrebig zum Haus unserer Freunde. Danach haben wir sie nie wieder gesehen. Unsere venezulanischen Freunde schmunzelten nur als wir nach ihr fragten.

Nun wollen wir aber schleunigst den Sumpf der Esoterik verlassen, schliesslich sind wir ernsthaft arbeitende Menschen die mit beiden Füssen fest am Boden stehen.

Wenn Sie bis hierher am Ball geblieben sind, dürfte sich einiges getan haben in Ihrem Leben.

Selbst dann wenn Sie nur bis zum 24 Stunden Coach mitgearbeitet haben.

Bisher ging es schwerpunktmässig um Ihre ganz persönliche seelische Stabilität, darum, dass Sie nicht länger Spielball irgendwelcher Launen der Natur sind. Dieses Ziel dürften wir wohl erreicht haben. Falls nicht, beim zweiten mal gehts meist besser..grins

Aber Scherz beiseite, wenn Ihre Grundschwingung überwiegend positiv ist, zeigt sich das schon bald in Ihrer Umgebung. Das Leben belohnt Sie. Auch hier müssen Sie nichts dem Zufall überlassen.

Jagen Sie gute Gefühle statt Geld und Gut

Anfangs habe ich es schon einmal erwähnt, was Sie wollen sind nicht die Dinge, sondern die Gefühle die Sie sich erhoffen, wenn Sie die Dinge besitzen.
Dieses Wissen sollten Sie nun strategisch klug in die Praxis umsetzen. Im Folgenden werde ich Ihnen einmal meine Philosophie zu diesem Thema darlegen. Keine Angst, meine Philosophien sind immer kurz und schmerzlos.
Betrachten Sie das Gefühl als Seele dessen was Sie sich wünschen.

Ein praktisches Beispiel:
Sie sind scharf auf einen bestimmten Job. Was für ein Gefühl verbinden Sie damit?

Doch Vorsicht, hier können sich die Wege trennen. Es kann sein, dass es Ihnen nur um mehr Geld geht. Dann müssen Sie sich fragen, welches Gefühl Sie mit mehr Geld verbinden? Die Antwort könnte lauten ein tolles Auto, eine Urlaubsreise usw...

In diesem Fall müssten Sie in verschiedene Richtungen forschen.

Was verbinden Sie mit dem tollen Auto?

Was verbinden Sie mit der Urlaubsreise?

Verstehen Sie? Sie müssen die angestrebten Dinge so lange hinterfragen bis das Gefühl zum Vorschein kommt.

Die Antwort auf die Frage nach dem bestimmten Job könnte auch lauten, dass Sie damit das Gefühl verbinden etwas sinnvolles, etwas wichtiges zu tun.

Während es beim Auto um mehr Ansehen gehen könnte. Ganz gleich, in welche Richtung Sie auch fragen, am Ende muss immer ein Gefühl stehen. Denn das ist es was Sie in Wirklichkeit anstreben.

Viele Menschen wissen das nicht und jagen ein Leben lang, ohne zu bekommen was Sie sich wünschen.

Gefühle sind einfach zu haben, das wissen wir ja bereits. Und mit dem Gefühl haben

Sie gleichzeitig die Seele und der dazugehörige Körper wird zwangsläufig folgen.

Mehr gibt es meiner Meinung nach dazu nicht zu sagen, alles weitere würde die Sache nur unnötig verkomplizieren. Fühlen Sie sich frei von Angst so wie Sie sich gern fühlen möchten, alles andere ergibt sich von selbst. Das Werkzeug das Sie dafür benötigen haben Sie ja jetzt.

Keltischer Segen

Mögen sich alle guten Wege für dich öffnen
Möge die Sonne immer im Herzen scheinen
Möge der Wind deinen Rücken stärken
Mögen deine Augen alle Wunder sehen
Mögen deine Ohren alle Geheimnisse hören
Mögen tausend Düfte dich erfreuen
Möge der Geschmack dich begleiten
Möge dir die Zärtlichkeit wahrer Liebe zuteil werden
Mögen unsere holden Göttinnen und starken Götter dich segnen
bis wir uns wiedersehen
(oder Sie das nächste Buch von mir lesen. Anmerkung des Autors:-)

Friedbert Becker

Der Psycho Bestseller

ISBN-10: 3837019403
ISBN-13: 978-3837019407

Von den Möglichkeiten und Unglaublichkeiten
der menschlichen Seele.
Eine praktische Anleitung

─────────────────────────

Angelika Ebersbach

Magische Rituale und Rezepte

ISBN-10: 3837008312
ISBN-13: 978-3837008319

Eine Originalsammlung magischer Rezepte und
Rituale aus dem Süden Brasiliens

─────────────────────────

Angelika Ebersbach

Schutzengel Magie

ISBN-10: 383707014X
ISBN-13: 978-3837070149

Ein Arbeitsbuch für Energiearbeiter

Friedbert Becker

Hypnose & Regression

ISBN-10: 3837066789
ISBN-13: 978-3837066784

Grundlagen, Experimente,
Therapie und Coaching

Mike Butzbach

Hypnose

ISBN-10: 3837028070
ISBN-13: 978-3837028072

Das Praxisbuch

Mike Butzbach

Hypnoseskripte

ISBN-10: 3837091023
ISBN-13: 978-3837091021

Wirksame Interventionen für die Praxis

Ausbildung zum

Hypnose & Regression Coach

Praxis Seminare
&
Fernstudium

Hypnose Institut Phoenix

http://www.hypnose-institut-phoenix.de